Leo & Co.

Große Gefühle

Langenscheidt

Berlin · München · Wien · Zürich
London · Madrid · New York · Warschau

Leichte Lektüren
für Deutsch als Fremdsprache in drei Stufen
Große Gefühle *Stufe 2*

Von Theo Scherling und Elke Burger

Illustrationen und Umschlagbild: Johann Büsen
Layout: Kommunikation + Design Andrea Pfeifer
Redaktion: Sabine Wenkums

Fotos:
Maren Beßler / Pixelio (S. 61 Berliner Weiße)
Betty / Pixelio (S. 61 Currywurst)
KFM / Pixelio (S. 61 Schrippen)
Bernd Kröger – Fotolia.com (S. 35)
Charlotte Mörtl (S. 60 u. li.)
Theo Scherling (S. 60 o. re.)
Stock Food (S. 61 Bouletten)
Süddeutscher Verlag Bilderdienst (S. 61 u.)
Ullstein Bild – Sinopictures (S. 63)
Sabine Wenkums (S. 17, 50, 54, 60 o. li., u. re.)

CD: Laufzeit 47'14

Sprecher/innen:
Ulrike Arnold, Jan Faßbender, Monika Hossfeld, Detlef Kügow,
Theo Scherling, Jenny Stölken, Ememkut Zaotschnyj

Regie: Theo Scherling und Sabine Wenkums
Aufnahme, Schnitt, Mischung: Andreas Scherling
Tonstudio: Frische Medien München und Grünton Studio München

©℗ 2008 Langenscheidt KG, Berlin und München

© 2008 Langenscheidt KG, Berlin und München
Druck: CS-Druck CornelsenStürtz, Berlin
Printed in Germany
ISBN 978-3-468-49752-0

10020

Leo & Co.

Große Gefühle

INHALT

DIE HAUPTPERSONEN DIESER GESCHICHTE:

Leo

Leo ist Maler, aber er ist auch ein leidenschaftlicher Koch. Seine Kneipe „Leo & Co." ist ein gemütliches Lokal, in dem man gut und preiswert essen kann.

Alle sind im Fußballfieber, denn es finden gerade Meisterschaften statt – alle außer Leo. Sein Lokal ist trotzdem Schauplatz heftiger Rivalitäten unter den Fans.

Gertrude Sommer

„Oma Trude" ist Annas Großmutter. Sie freut sich auf die Berlinreise mit ihrer Enkelin Anna.

Doch die Reise verläuft anders als geplant.

Elisabeth Neumann

Elisabeth Neumann ist die beste Freundin von Trude Sommer.

Sie kommt natürlich mit nach Berlin und genießt die Berliner Luft.

Anna

Anna ist Studentin und wohnt bei ihrer Oma Trude Sommer.

Auch Anna freut sich auf die Berlinreise mit den beiden alten Damen.

Ihr Freund Paco ist während der Meisterschaften sowieso mit Fußball beschäftigt.

Paco

Paco liebt Anna.

Aber zurzeit ist er im Fußballfieber.

Mit seinen Freunden plant er einen spanischen Abend bei Leo: Flamenco, Paella und Fußball! Gar nicht so einfach.

Benno

Benno wohnt bei Leo im Haus, über der Kneipe.

Benno ist ein großer Fußballfan. Er drückt die Daumen für die deutsche Nationalmannschaft. Der spanische Abend bei Leo gefällt ihm gar nicht!

1

Anna sitzt im Arbeitszimmer. Das Zimmer ist winzig[1], nur vier Quadratmeter. Früher war es die Abstellkammer[2]. Mit ein paar Regalen und einem kleinen Schreibtisch hat Anna ein praktisches Arbeitszimmer daraus gemacht.

Anna surft im Internet. Seit langer Zeit plant sie mit ihrer Groß-mutter, Trude Sommer, eine Berlinreise. Sie sucht nach billigen Angeboten, denn bald sind Semesterferien und sie können endlich für ein paar Tage weg.

Oma Trude war vor vielen Jahren zum letzten Mal in Berlin: kurz nach dem Mauerfall und der Wiedervereinigung.

Jetzt möchte sie sehen, wie sich die Stadt seitdem verändert hat, und ein paar Museen besuchen.

„Hier, das ist preiswert! Drei Nächte bezahlen, viermal übernach-ten! Inklusive Busreise nur 180 Euro pro Person!"

Trude Sommer sitzt im Wohnzimmer und sieht fern.

„Was hast du gesagt, Anna?"

„Ich habe ein billiges Angebot für unsere Berlinreise!"

„Prima! Wann fahren wir?"

Anna kommt mit dem Ausdruck ins Wohnzimmer.

„Hör mal: Hotel Merkur, Doppelzimmer, pro Person nur 180 Euro für vier Nächte."

„Und was kostet ein Einzelzimmer?"

---

1 *winzig*: sehr klein
2 *die Abstellkammer*: ein Raum für Sachen, die man nicht oft oder nicht mehr braucht

„Wieso? Können wir uns nicht ein Doppelzimmer teilen?"
„Ich kann mir das Doppelzimmer doch mit Elisabeth teilen!"
„Elisabeth?"
„Ja, Elisabeth kommt auch mit!"
Elisabeth Neumann ist die beste Freundin von Frau Sommer.

„Ach so? Aber ..."
„Was kostet denn nun ein Einzelzimmer?"
„Moment, hier: Das kostet hundert Euro mehr!"
„Dann teilen wir alles durch drei. Du bekommst das Einzelzimmer, hast deine Ruhe und machst uns dafür die Reiseführerin!"
„Einverstanden! Danke! Dann check[3] ich gleich mal, ob das An-

❯Ü1 gebot Mitte Juli noch frei ist."

Anna markiert die Reisetage im Kalender.
„Das Semester endet am 10. Juli und ich arbeite bei Leo bis zum 13. Wir fahren am 14., das ist der Montag, und bleiben vier Nächte, das ist bis Freitag, also bis 18. Juli. So, dann kann ich gleich buchen."
Anna schreibt dem Hotel Merkur eine E-Mail.

„Es klappt! Es sind noch ein Doppelzimmer und ein Einzelzimmer frei! Oma! Oma, hörst du? Soll ich fest buchen?"
Anna geht ins Wohnzimmer. Trude Sommer schläft in ihrem Sessel. Im Fernsehen läuft ein Fußballspiel, aber Fußball interessiert Anna nicht. Sie macht den Fernseher aus. Dann bucht sie die Reise.

4

❯Ü2

---

3 *checken*: *englisch* (über-)prüfen, kontrollieren

2

„Hallo, Paco! Trinkst du ein Bier mit uns?"

„Hola! Nein, keine Zeit. Ich muss gleich in die Uni! Wisst ihr, wo Leo steckt?"

„Der ist im Atelier. Stören auf eigene Gefahr!"

Benno lacht und sieht wieder auf die Leinwand – Fußball! Seit Beginn der Europameisterschaft gibt es in Leos Kneipe eine Großbildleinwand. Schon nachmittags kommen die Fans und sehen Fußball.

Benno ist ein großer Fußballfan, genau wie Ralf, der heute auch da ist. Beide spielen in ihrer Freizeit selbst Fußball. Und beide haben dieselbe Lieblingsmannschaft: die deutsche Nationalmannschaft!

Paco steht vor der Ateliertür. Durch die Tür dringt laute Rockmusik.

Vorsichtig klopft er an die Tür.

Keine Reaktion.

Er klopft lauter.

„Herein!"

Paco öffnet die Tür.

„Paco? Das ist aber eine Überraschung! Komm rein!"

„Hallo, Leo!"

Im Atelier riecht es nach Farbe. Überall stehen Bilder und auf den Tischen liegen Zeichnungen.

Leo ist eigentlich Maler, aber vor ein paar Jahren hat er sein Hobby zum Beruf gemacht: Er ist leidenschaftlicher Koch! Ihm gehört das kleine Lokal „Leo & Co.".

„Was kann ich für dich tun, Paco?"

„Ja, hm, also - ich habe eine Frage."

„Red nicht um den heißen Brei herum.[4] Was hast du auf dem Herzen?[5]"

„Ja, also, du hast doch diese Großbildleinwand in der Kneipe und ..."

„Ach, dieses scheußliche[6] Ding! Den ganzen Tag nur Fußball! Ich bin froh, wenn dieser Quatsch wieder vorbei ist."

„Du meinst die Meisterschaft?"

4 *um den heißen Brei herumreden*: Redewendung: nicht direkt sagen, was man meint oder sagen möchte
5 *Was hast du / Was haben Sie auf dem Herzen?*: Redewendung: Was ist los? Was kann ich für dich/Sie tun?
6 *scheußlich*: hässlich

„Nenn es, wie du willst!"

„Interessierst du dich nicht für Fußball?"

„Nein! Ganz und gar nicht! Millionäre, die einem Ball nachrennen, nein danke!"

„Ich interessiere mich sehr für Fußball und ich möchte dich fragen, ob wir das Spiel Spanien gegen Deutschland bei dir ansehen können?"

„Warum fragst du? Dafür ist die Leinwand doch da. Benno und Ralf sitzen jeden Tag mit ihren Kumpeln[7] vor der Glotze[8]. Komm einfach, die sehen sich jedes Spiel an."

„Ja, schon, aber am 18. Juli, das ist der Tag, da ..."

„Paco, meine Farben trocknen. Also, was ist das Problem?" Leo lacht und gibt Paco einen Klaps[9] auf die Schulter.

„Wir möchten einen spanischen Abend veranstalten."

„Das ist eine gute Idee! Meine Paella ist berühmt und Tapas kann ich auch machen. Ihr bringt die Musik und die Dekoration und wir machen ein spanisches Fest! Endlich ein Abend ohne Fußball! Super! Wann, hast du gesagt?"

„Leo, das ist das wichtigste Spiel. Das müssen wir sehen. Verstehst du? Musik gibt es davor und danach. Einverstanden?"

Ü3 „Schade, ein richtiges Fest wäre mir lieber. Aber von mir aus.[10]"

Ü4 „Estupendo![11]"

Zufrieden kommt Paco aus dem Atelier.

Er geht durch das Lokal. Das Fußballspiel läuft noch immer.

Ralf zeigt auf Paco und ruft: „Freu dich nur! Am 18. Juli wird dir das Lachen vergehen! Deutschland gegen Spanien: 3:0! Wetten? Ha, ha!"

„Loco![12]" Paco tippt mit dem Zeigefinger an die Stirn und antwortet: „Mit 3:0 schicken wir euch nach Hause!"

7 *der Kumpel*: ugs. für *der Freund*
8 *die Glotze*: ugs. für *der Fernseher*
9 *der Klaps*: ein sehr leichter Schlag mit der Hand, der nicht weh tut
10 *von mir aus*: ugs. für *meinetwegen, ich habe nichts dagegen*
11 *Estupendo!*: spanisch Großartig! Wunderbar!
12 *Loco!*: spanisch Spinner!

„Wir machen ein richtiges Fest! Flamenco, Tapas und Fußball! Und das Spiel gewinnen *wir*!"

„Wann beginnt denn das Spiel?"

„Um 19 Uhr. Ich bin schon richtig aufgeregt."

„Mein Süßer, so kenn ich dich ja gar nicht. Du bist ja ein richtiger Fußballfan!"

„Na ja, nicht immer. Aber das ist ein ganz besonderes Spiel für mich: Ein Teil von meinem Herzen schlägt für Spanien und der andere für Deutschland."

„Und für mich? Welcher Teil bleibt da für mich?", lacht Anna.

„Dir gehört mein Liebesherz, mi amor. Das andere ist nur mein Fußballherz."

„Ach so. Und für welche Mannschaft soll ich sein?"

„Du bist doch gar nicht da."

„Doch, wir sind um 18 Uhr zurück."

„Prima! Dann hole ich euch ab und wir gucken zusammen das Spiel!"

Er nimmt Anna in den Arm und küsst sie.

„Aber ein paar Grundregeln musst du schon verstehen! Pass mal auf!"

❯Ü5

8

„Was wollen wir denn noch machen? Es ist unser letzter Abend ..."

„Gehen wir noch auf ein Glas Wein zu Leo?"

„Gute Idee! Vielleicht gibt es noch eine Tageszusammenfassung der Spiele auf der Großbildleinwand!"

„Paco!"

„O.k., o.k., wir bleiben hier. Wir können ja, hm, fernsehen?"

„Oder uns einfach nett unterhalten! Ich habe vielleicht noch einen Schluck Wein im Kühlschrank "

„Wir hoffen, du hast heute ein schönes Programm für uns, Anna?"
„Aber klar! Seid ihr fit?"
„Wie zwei alte Turnschuhe!¹³" Trude Sommer und Elisabeth Neumann lachen. Die drei sitzen im Frühstücksraum. Das Wetter ist schön und sie wollen ganz viele Sehenswürdigkeiten besuchen.
„Seid ihr mit dem Frühstück fertig?" Anna legt einen Stadtplan auf den Tisch.
„Ich mache mir noch schnell Proviant." Elisabeth Neumann schneidet zwei Brötchen auf, belegt sie dick mit Wurst und wickelt sie in Papierservietten ein. Schnell steckt sie die Brötchen in ihre Handtasche.
Trude Sommer schüttelt den Kopf. „Können wir jetzt?"
Frau Neumann ist ein bisschen beleidigt und nickt.

13 *fit wie ein Turnschuh sein*: ugs. für *in sehr guter körperlicher Verfassung sein, sportlich/ trainiert sein*

„Also, zuerst fahren wir mit der S-Bahn bis zum Brandenburger Tor, dann laufen wir ein kurzes Stück bis zum Reichstag. Dort können wir die Kuppel besichtigen ...“

„... und den Politikern bei der Arbeit zusehen? Nein, danke! Das reicht von außen!“

„Wie ihr wollt. Von da aus gehen wir zu Fuß bis zur Museumsinsel. Wir können natürlich auch mit dem Bus fahren.“

„Lieber mit dem Bus. Wir haben doch die ‚Welcome Card‘[14], die gilt 72 Stunden und war ja auch nicht umsonst.“

Elisabeth Neumann geht nicht so gerne zu Fuß.

„Da gibt es doch diese Buslinie, hm, wie war doch gleich die Nummer?“

Trude Sommer denkt nach, aber Anna hat sich gut vorbereitet:

„Linie 100! Mit der machen wir eine Stadtrundfahrt. Und mit unserem 3-Tage-Ticket können wir jederzeit einsteigen, aussteigen, umsteigen!“

„Prima! Und auf der Museumsinsel bitte viel Zeit einplanen, ich möchte mir nämlich alle Museen ansehen, deshalb bin ich schließlich hier.“

Trude Sommer freut sich, aber ihre beiden Mitreisenden sind nicht sehr begeistert.

„Ich möchte lieber in die Hackeschen Höfe, Oma. Wir können uns ja trennen und zu einer bestimmten Zeit wieder treffen. Schalte aber bitte auf jeden Fall dein Handy ein, ja?“

„Und ich? Was soll ich machen? Kunst interessiert mich nicht so und die Hackeschen Höfe auch nicht! Ich interessiere mich für Geschichte.“

„Jetzt meckere nicht schon am ersten Tag, Elisabeth. Für dich finden wir auch noch etwas. “

Bevor die beiden alten Damen einen Streit anfangen, macht Anna einen Vorschlag:

14 *die Welcome Card*: spezielles Angebot für Berlintouristen (Sonderpreise für Fahrkarten, Museen, etc.)

„Frau Neumann, wie wäre es mit dem Historischen Museum, das
●Ü6 ist ganz in der Nähe!"

„Gute Idee, Anna, da gehe ich hin".

Frau Neumann ist nun auch zufrieden und wenig später verlassen
die drei Berlintouristinnen unternehmungslustig ihr Hotel.

●Ü7

Trude Sommer und Anna haben tatsächlich eine Bootsfahrt auf
der Spree gemacht. Sie sind durch das alte Stadtzentrum gefahren
und haben den Ärger wegen Elisabeth vergessen. Es war ein wun-
derschöner Sommerabend.

Gegen 22 Uhr sind die beiden wieder im Hotel.

„Guten Abend, Zimmer 44, bitte!"

„Ihre Freundin hat den Schlüssel schon geholt, Frau Sommer. Sie
ist auf dem Zimmer."

„Ach so, danke!" Trude Sommer ist erleichtert.

„Siehst du, Oma, alles in Ordnung."

„Die kann was erleben!"

„Oma!"

„Gute Nacht, mein Kind."

Klopf, klopf! Trude Sommer trommelt energisch an die Zim-
mertür.

„Ich komme!", antwortet Elisabeth Neumann gut gelaunt.

„Trude! Auch schon zurück? Hattet ihr einen schönen Abend?"

„Elisabeth! Bist du betrunken?"

„*Das ist die Berliner Luft, Luft, Luft, so mit ihrem holden Duft,
Duft, Duft ...*" Elisabeth Neumann singt das bekannte Lied und
lächelt.

„Wo warst du, Elisabeth? Wir hatten eine Verabredung!"

„Ich auch! Mit Viktor!", schwärmt Elisabeth. „Du wirst ihn morgen kennenlernen!" Dann tanzt sie durchs Zimmer und trällert[15]
fröhlich weiter: *„Das ist die Berliner Luft, Luft, Luft ..."*   ❯Ü8

15 *trällern*: fröhlich singen

5

„Was hast du gemacht? Du hast das Lokal den Spaniern gegeben?"
Benno ist ziemlich laut.

„Moment mal! Das ist immer noch meine Kneipe und die kann
jeder mieten. Die Spanier, wie du sie nennst, haben als Erste
gefragt. Außerdem haben sie die Kneipe nicht wirklich gemietet.
Wir machen einfach einen spanischen Abend: mit Essen, Musik
und Fußball. Jeder ist willkommen!"

„Aber ich bin Deutschland-Fan, verstehst du? Ich muss doch zu
unserer Mannschaft halten, das geht doch nicht bei einem spanischen Fest. Da kommen bestimmt nur Spanier!"

„Jetzt übertreib nicht, Benno. Du möchtest wahrscheinlich auch
noch, dass ich meine Kneipe mit Deutschlandfahnen dekoriere,
oder?"

„Na, und?"

„Kommt überhaupt nicht in Frage! Bei Fußball schnappt ihr wohl
alle komplett über![16] Deutschlandfahnen in meiner Kneipe, das
kommt nicht in Frage."

„Bist du etwa kein Deutscher?"

„Bist du gerade auf dem Nationaltrip, Benno?"

„Nein, aber seit der Fußball-Weltmeisterschaft 2006 ist das doch
hoffentlich normal!"

„Was meinst du mit ‚normal'?"

„Normal heißt, sich freuen, wenn die deutsche Mannschaft gewinnt. Normal heißt, während des Turniers eine Deutschlandfahne aus dem Fenster zu hängen. Und normal heißt vielleicht,

---

16 *überschnappen*: ugs. für *verrückt werden*

22

einen Autocorso zu veranstalten, wenn unsere Jungs gewonnen haben.“

„Unsere Jungs? Fußballmillionäre sind nicht ‚meine Jungs‘!“

„Nur kein Neid!“

„Jetzt reicht es aber! Gleich mach ich diesem Firlefanz[17] ein Ende und mit der Großbildleinwand ist Schluss!“

„Es gibt genügend andere Kneipen, wo wir hingehen können. Mich siehst du heute jedenfalls nicht mehr hier! Tschüs!“

„Und wer geht einkaufen? Du weißt genau, dass Anna noch in Berlin ist!“

„Frag doch deine Spanier!“ ❯Ü9

17 *der Firlefanz*: überflüssiges Zeug, Unsinn ❯Ü10

„Oh, Mann, das war ein Tag! Nur Ärger! Prost, Leo!"

Klaus Meier nimmt einen großen Schluck. Zufrieden stellt er sein Bierglas auf die Theke.

Klaus Meier ist klein und dünn, hat fast keine Haare mehr und trägt eine runde Brille. Er sieht aus wie ein Professor. Zusammen mit seiner Tochter Veronika hat er eine Autowerkstatt. Er ist Leos bester Freund.

„Bei mir auch! Ich habe mich heute mit allen gestritten."

„Deshalb ist es so ruhig in der Kneipe. "

„Paco möchte am 18. Juli, da spielt Spanien gegen Deutschland, eine spanische Fußballparty bei uns machen. Benno findet das unmöglich und ist beleidigt. Tja, und jetzt sieht er sich die Spiele mit seinen Freunden woanders an. Sag mal, ist Ralf auch so ein Fan?"

„Und wie! Seit der Meisterschaft gibt es kein anderes Thema mehr. Ich glaube, der kennt jeden Spieler bis zu seiner Schuhgröße."

„... und seinem Kontostand!"

Beide lachen.

„Ein gutes Fußballspiel sehe ich mir auch gern an! Und für ein Spiel in der Champions League interessiert sich sogar Veronika."

Leo betrachtet seinen Freund skeptisch.

„Seit wann interessierst du dich für Fußball?"

„Schon immer! Mein Vater war Torwart und er hat mich immer zu den Spielen mitgenommen, als ich klein war. Und eine Zeit lang habe ich sogar in einem Verein gespielt, auch als Tormann. Meine Abschläge waren berühmt!"

Klaus steht auf und macht es Leo vor: Er wirft einen imaginären Ball in die Luft und schießt. Dabei verliert er das Gleichgewicht und fällt gegen den Tresen.

„Aua! Mist!"

Ü11 „Sag ich doch: Sport ist Mord!", lacht Leo.

6

Beim Frühstück ist Elisabeth Neumann ganz aufgeregt. Sie beobachtet dauernd den Eingang.

„Wie alt ist er denn, der Herr?", fragt Trude Sommer.

„Ungefähr Mitte 60."

„Meine Liebe, in dem Alter sind viele schon ziemlich vergesslich. Der kommt bestimmt nicht mehr. "

„Trude! Das ist wirklich nicht sehr nett! - Guck, da ist er schon. Hier!" Elisabeth Neumann steht auf und winkt mit der Serviette. Ein schlanker Mann mit grauen Haaren kommt langsam zum Tisch.

„Guten Morgen, Viktor!"

Elisabeth Neumann begrüßt ihn und stellt ihre beiden Begleiterinnen vor:

„Viktor, das ist meine Freundin Trude und das ist ihre Enkelin Anna. Sie ist sozusagen unsere Reiseführerin."

„Sehr angenehm, Viktor Kern," sagt der Mann und begrüßt die beiden.

„Haben Sie schon gefrühstückt? Einen Kaffee? Oder ..."

Elisabeth Neumann spricht sehr aufgeregt. Aber Trude Sommer unterbricht sie.

„Oder möchten Sie vielleicht ein paar Brötchen als Proviant mitnehmen? Wir müssen nämlich los."

Elisabeth Neumann sieht ihre Freundin böse an.

Anna lacht. „Dann wollen wir mal. Heute ist unser erster Programmpunkt das Mauermuseum. Kommen Sie auch mit, Herr Kern?"

„Gern. Und wenn Sie möchten, kann ich einen Teil der Stadtführung übernehmen ..."

„Viktor kommt nämlich aus dem Osten", erklärt Elisabeth Neumann stolz.

Trude Sommer holt tief Luft.

17
❍Ü12
❍Ü13

Anna hat aufmerksam zugehört.

„Und das sind Reste von der Berliner Mauer?"

„Ja. Und diese Linie hier auf der Straße zeigt, wo die Mauer einmal war."

„Machen Sie ein Foto von uns?", fragt Anna und gibt Viktor Kern ihr Handy.

„Gern! "

Trude Sommer zeigt auf eine Taste: „Sie müssen hier durchsehen und da draufdrücken."

Sie stellt sich neben Anna.

„Elisabeth, komm, willst du nicht auf das Foto?"

„Nein, ich hätte gerne ein Foto von mir und Viktor!"

Viktor macht mehrere Fotos mit der Handykamera.

Dann stellt sich Elisabeth Neumann neben Viktor. Im Vorbeigehen gibt sie Trude Sommer ihre kleine Digitalkamera: „Hier durchsehen und da drücken."

Ü14

7

„Das ist alles? Und damit wollt ihr die ganze Kneipe dekorieren? Das sieht ja ziemlich mickrig[18] aus."

Leo sieht in den Karton. Darin sind: eine spanische Fahne, ein Poster vom Fußballclub Real Madrid, ein paar Postkarten von der Costa Brava und ein komisches grünes Netz.

„Was ist das?" Leo zeigt auf das grüne Netz.

Paco lächelt verlegen. „Das ist eigentlich ein Volleyballnetz. Ich dachte, du kannst ein paar Fische auf Karton malen und wir legen sie hinein. Dann hängen wir es an die Decke, so wie ein Fischernetz."

„... von den Capri-Fischern, ja?" Leo verdreht die Augen. „Oh je, das kann ja heiter werden."

„Das Poster von Real Madrid kannst du gleich vergessen! Ich bin ‚Barça'-Fan[19]!"

Felipe nimmt das Poster und rollt es ein.

„Aber ich habe gute Musik dabei: Gipsy Kings, Juanes, Manu Chao und Flamencomusik."

„Wie viele Gäste werden denn ungefähr kommen? Ich muss das wissen, für die Essensplanung."

„Was gibt es denn?", unterbricht Felipe neugierig.

„Wie besprochen, eine Paella", antwortet Leo.

Paco überlegt. „Also, Anna kommt auf jeden Fall! Die hole ich um 6 vom Bahnhof ab. Und natürlich kommen ein paar Leute von der Uni und ..."

18 *mickrig*: klein, wenig
19 *Barça*: Abkürzung für *FC Barcelona*

„Meine Eltern kommen auch und ein paar von meinen Kumpels!",
unterbricht Felipe wieder.
„Was ist mit Klaus und Veronika? Und Benno und Ralf?", fragt
Paco.

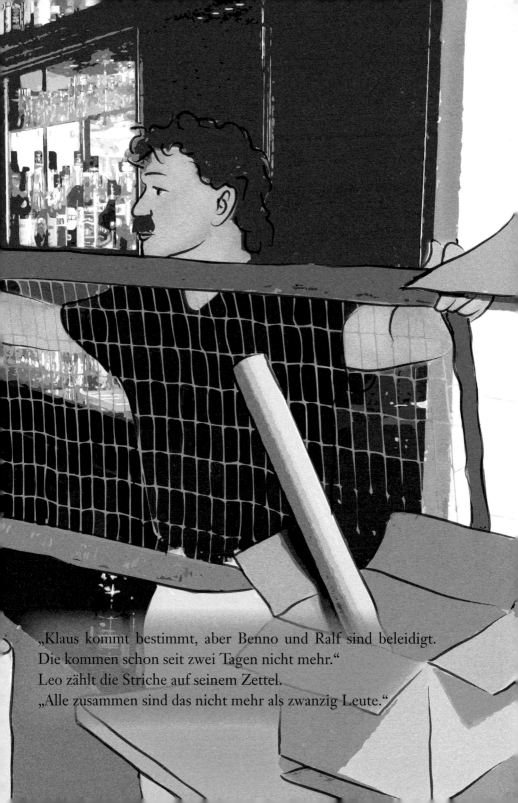

„Klaus kommt bestimmt, aber Benno und Ralf sind beleidigt.
Die kommen schon seit zwei Tagen nicht mehr."
Leo zählt die Striche auf seinem Zettel.
„Alle zusammen sind das nicht mehr als zwanzig Leute."

„Komm, Paco, wir machen noch ein bisschen Propaganda! Vielleicht malen wir ein paar Plakate und hängen sie auf. Los, komm mit!"
Felipe nimmt seinen Cousin am Arm und sie verlassen die Kneipe.

Leo sieht auf die spanische Fahne, die über der großen Leinwand hängt. Die Postkarten kleben am Tresen, das grüne Netz rollt er zusammen. Das will er auf gar keinen Fall.
„Idioten!!"
Wütend rennt Felipe zurück in die Kneipe. Hinter ihm kommt Paco.
„Aufgeschnitten! Einfach aufgeschnitten! Diese Idioten haben mir die Reifen aufgeschnitten!"
„Was?" Leo ist entsetzt. Er geht mit den beiden jungen Männern vor das Lokal. Neben dem Eingang lehnt der blaue Motorroller von Felipe. Am Lenker hängt eine kleine spanische Fahne. Vorder- und Hinterreifen sind kaputt: Tatsächlich aufgeschnitten!

„Jetzt reicht's!", brüllt Leo wütend und geht zurück ins Lokal.
Paco und Felipe erschrecken. So kennen sie Leo nicht.
„Komm, Felipe, wir gehen nach Hause."

„Benno! Benno! Mach sofort auf!"
Leo hämmert mit beiden Fäusten gegen die Tür von Bennos Wohnung. Er hört Schritte. Benno öffnet die Tür.

◐Ü15

32

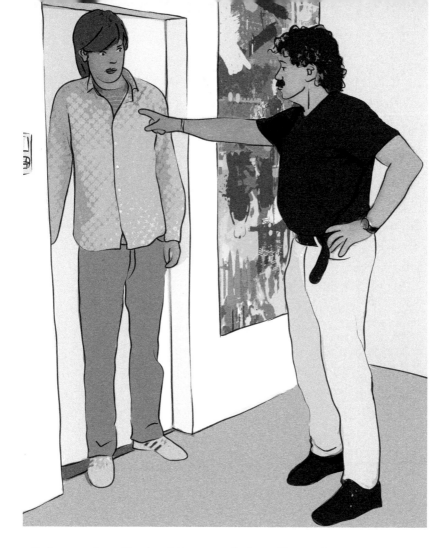

„Calma, calma,[20] wie deine spanischen Freunde sagen, was ist denn los?“

„Noch so eine Bemerkung und du kannst deine Koffer packen! Hörst du, ich schmeiß dich eigenhändig raus! Ihr seid wohl total verrückt geworden!“

„Bitte, Leo, beruhige dich. Was ist denn passiert?“

„Was passiert ist? Das weißt du ganz genau! Du bringst das morgen in Ordnung, oder du ziehst aus, verstanden?“

20 *Calma, calma*: *spanisch* Ruhig!, Langsam!

Leo ist rot vor Zorn.

„Ich weiß wirklich nicht, was du meinst, Leo," antwortet Benno vorsichtig.

„Hast du die Reifen aufgeschnitten, ja oder nein?"

„Welche Reifen?"

„Ich frage dich noch einmal: Hast du sie aufgeschnitten, ja oder nein? Und wehe[21], du lügst mich an!"

„Ich weiß wirklich nicht, warum du so wütend bist. Ich weiß nichts von irgendwelchen Reifen."

„Die Reifen von Felipes Moped!", hilft Leo nach.

„Das Moped steht doch vor der Kneipe. Ich hab's selbst gesehen, als ich vorhin nach Hause gekommen bin."

„Jawohl, aber mit aufgeschnittenen Reifen!"

Benno denkt kurz nach, dann sagt er:

„Ich verstehe. Die Sache eskaliert. Wir müssen was unternehmen. Komm rein!!"

21

❱Ü16

---

21 *wehe...!*: Ausdruck der Drohung

8

Die kleine Reisegruppe, Anna, Trude Sommer, Elisabeth Neumann und Viktor Kern, sitzt müde vor dem Roten Rathaus.

„Ich möchte ins Hotel und die Beine hochlegen!", sagt Trude Sommer. Sie ist die Älteste und sie ist sehr müde.

„Ich bin auch ganz schön kaputt![22]", sagt Anna.

Aber Frau Neumann will noch nicht ins Hotel zurück.

„Das ist unser letzter Abend in Berlin. Lasst uns noch was Schönes machen! Du kommst doch auch mit, Viktor?"

Herr Kern lächelt und nickt.

Trude Sommer ist viel zu müde für eine ironische Bemerkung. So fragt sie nur: „Und, was hast du dir vorgestellt?"

„Wir könnten noch einen Bummel *Unter den Linden* machen oder ..."

„Keinen Bummel! Wir sind heute schon genug gelaufen!"

„Lass mich doch ausreden! Oder zum Potsdamer Platz. Da kann man schön sitzen, eine Kleinigkeit essen und da ist immer was los. Was meint ihr?"

Anna nickt ihrer Oma zu und antwortet: „O.K. Wir kommen mit, aber nicht mehr lange."

22 *kaputt sein*: ugs., hier für *müde und erschöpft sein*

Nach einer halben Stunde sitzen sie im Sony-Center unter dem großen Glasdach. Überall sind Leute und es ist sehr laut.

„Ist hier immer so viel los?"

„Seht mal, da hinten ist eine große Leinwand!"

„Ja, die ist für die Fußballspiele", sagt Herr Kern.

„War vielleicht doch keine so gute Idee, hierher zu kommen", schimpft Oma Trude.

Plötzlich wird es noch lauter: „Olé, olé, olé, ola! Olé, olé, ...!"

Eine große Gruppe Fußballfans marschiert zur Leinwand und grölt[23]. Alle schwenken deutsche Fahnen.

Eine Unterhaltung ist unmöglich.

Die Fans wirken aggressiv. Einige haben Glatzen.

„Olé, olé, olé, ola! Olé, olé!"

Vor der Leinwand gibt es Tumult und der Gesang hört auf.

„Wie sich diese Spanier benehmen - unmöglich!"

„Nein, Oma, das sind keine Spanier, das ..."

„So viel Spanisch verstehe ich, mein Kind. Hast du nicht gehört: Olé, Olé! Wenn das nicht Spanisch ist!"

„Hm, Entschuldigung, Frau Sommer, wenn ich mich einmische. Aber Anna hat recht. Das ist ein deutsches Lied. Allerdings ist es schon ziemlich alt: 1982 war die Fußball-Weltmeisterschaft in Spanien. Michael Schanze, ein deutscher Schlagersänger, hat das Lied ‚Olé Espagna' geschrieben. Und die deutsche Fußball-Nationalmannschaft hat es gesungen. Und bis heute ist es die Hymne der deutschen Fußballfans."

❯Ü17

Fasziniert sieht Elisabeth Neumann Viktor an:

„Was du alles weißt, Viktor."

„Können wir jetzt endlich gehen?" Trude Sommer hat genug für heute.

❯Ü18

23

---

23 *grölen*: sehr laut (und oft schlecht) singen, z.B. Fußballfans grölen (besonders, wenn sie Alkohol getrunken haben)

9

„Mmmmh! Die Paella riecht ja schon richtig gut. Hallo, Leo, wir sind da! - Wo steckt er nur? Hombre![24] Sieh mal, was soll das denn?"

Paco und Felipe stellen die Lautsprecherboxen ab und sehen sich im Lokal um.

Neben der spanischen Fahne hängt eine deutsche Fahne. Von der Decke hängt das grüne Netz – ohne Fische, aber mit vielen kleinen Fußbällen aus Plastik. Der ganze Raum ist dekoriert.

Und im Hintergrund läuft leise ein deutscher Schlager. Rex Gildo singt: „ Fiesta, Fiesta mexicana, …"

„Ballermann! Ich werd' verrückt! Jetzt machen sie eine Ballermann-Party[25]!"

„Passt doch gut zu Fußballfans, oder?" Leo kommt ins Lokal und begrüßt die beiden. „Kommt mal mit, ihr könnt mir helfen."

Sprachlos folgen sie Leo. In einem kleinen Hof neben der Küche steht ein riesiger Grill. Benno macht ihn gerade sauber.

„So, jetzt sieht er aus wie neu. Hallo, Jungs! Könnt ihr mal mit anfassen? Der soll auf die Terrasse."

Jeder packt den Grill an einer Ecke, dann schleppen sie das schwere Gerät gemeinsam vor die Kneipe.

„Sag mal, was soll das eigentlich?", keucht Paco.

„Halt die Luft an! Erst schleppen, dann quatschen!", antwortet Benno.

---

24 *Hombre!*: *spanisch* Ausruf des Erstaunens
25 *die Ballermann-Party*: Der Name *Ballermann* kommt von einem Strandlokal auf Mallorca. Mit dem Wort *Ballermann*(-Party) verknüpft man u.a. sehr laute Musik (vor allem volkstümliche deutsche Schlager) und enorme Mengen von Alkohol (vor allem Bier)

„Stopp! Absetzen! Prima!" Leo atmet schwer.

„Danke, Jungs. Wollt ihr einen Kaffee?"

„Nee, da kann ich nachts nicht schlafen", grinst Benno.

„Heute Nacht schläfst du sowieso nicht. Die spanische Siegesfeier geht bestimmt bis morgen früh!"

„Träumt weiter. Deutschland drei, Spanien null! So wird es sein, Leute. Aber wie ihr seht, feiern wir auch mit Verlierern."

„Genug jetzt", unterbricht Leo.

„Was soll eigentlich diese komische Dekoration? Ich dachte, wir machen ein spanisches Fest?"

Paco trinkt seinen Kaffee und betrachtet das Lokal.

„Deeskalation. Wir machen ein deutsch-spanisches Fest, oder ein spanisch-deutsches, wie du möchtest. Der Vorschlag ist von Leo. Sonst macht er das Lokal einfach zu, hat er gesagt. Und miteinander Fußball gucken ist doch besser als gar kein Fußball, oder?"

Benno tippt Paco freundschaftlich an die Schulter und geht mit ihm auf die Terrasse. Felipe bleibt an der Theke sitzen und weiß nicht, ob er sich freuen oder ärgern soll.

Nach ein paar Minuten ruft Paco: „Chico[26], komm mal raus! Überraschung!"

„Lass mich in Ruhe."

„Komm, Felipe, es gibt wirklich was für dich!"

„Oh, Mann!"

Langsam geht er nach draußen.

Neben Paco und Benno steht Ralf. Er hat einen riesigen Hut auf. Der Hut ist eigentlich ein Fußball. Um den Hals hängt ein Schal in Schwarz-Rot-Gold. Und ins Gesicht hat er sich auf jede Backe eine kleine Deutschlandfahne gemalt.

„Olé, olé, olé, olé!", singt er und schwenkt seinen Schal.

26 *Chico!: spanisch* Kleiner!

„Überraschung!" Dann geht er neben den Eingang und holt den blauen Motorroller.

„Neue Reifen und eine Inspektion! So gut wie neu!" Er lacht und schiebt den Roller zu Felipe.

Es ist 17 Uhr.

Das Lokal füllt sich mit Gästen.

Zwei Lautsprecher stehen auf der Terrasse und die Musik ist sehr laut. Immer abwechselnd deutsche und spanische Musik.

Veronika malt Paco und Felipe spanische Fahnen ins Gesicht. Ihre Tochter Iris hat auch einen gelb-rot-gelben Schal um die

❿Ü19 Schultern.

Benno steht am Grill und schwitzt. Es ist sehr heiß und die ersten Würste sind fertig.

Leo zählt zufrieden die Gäste. Bisher sind ungefähr fünfzig Leute gekommen. Einige sind verkleidet[27], die meisten sind aber ganz normal angezogen.

„Wann kommt Anna?"

Paco sieht auf die Uhr: „In einer Stunde. Leihst du mir deinen Wagen?"

„Klar doch. Wenn ihr da seid, fangen wir mit der Paella an, einverstanden?"

„Ja, die Mädels haben bestimmt Hunger!"

27 *verkleidet sein*: ein Kostüm tragen, z. B. im Karneval, auch die Fans eines Fußballclubs verkleiden sich

10

„Anna, wie spät ist es?"

Trude Sommer ist nervös.

„Gleich sechs!"

„Das schaffen wir nie! Wir brauchen bestimmt noch eine Stunde."

„Warum habt ihr es denn so eilig? Habt ihr noch was vor heute Abend?" Elisabeth Neumann hat gute Laune: „Der Weg ist das Ziel!"

„Ist das von Viktor?", provoziert Oma Trude.

„Nein, das ist eine alte chinesische Weisheit!"

„Frau Neumann hat recht, Oma! Es ist eine asiatische Weisheit. Das Wort *tao* bedeutet sowohl Weg als auch Ziel", sagt Anna.

„Der Busfahrer kennt diese Weisheit auch!", ergänzt Trude Sommer ironisch.

Ü20 „Ich schreibe Paco eine SMS, dass wir später kommen."

Es ist kurz nach sechs. Die Kneipe ist voll und alle erwarten mit Spannung das Spiel.

„Wo bleiben die denn? Hast du Paco gesehen?"

„Keine Ahnung! Ach, da kommt er ja. Er sieht ziemlich enttäuscht aus."

Paco liest die SMS noch einmal. Er geht zu Leo und Felipe.

„Der Bus hat über eine Stunde Verspätung. Sie kommen erst nach sieben."

„Dann fangen wir schon mal an. Die Paella ist fertig! Rechts stehen

die Teller, daneben ist das Besteck. Und schön anstellen, bitte!"
Leo steht hinter einer großen Pfanne. Er hat eine Kochmütze auf
dem Kopf und serviert mit einem großen Löffel die Paella.

„Liebe Fußballfreunde, in wenigen Minuten beginnt das Spiel.
Die beiden Mannschaften sind auf dem Spielfeld. Die deutsche
Nationalmannschaft in den traditionellen Farben schwarz-weiß.
Aber zuerst die Nationalhymnen."
Der Busfahrer hat das Radio eingeschaltet. Über die Lautsprecher
hören die Reisenden die Übertragung des Spiels. Anna, Trude
Sommer und Elisabeth Neumann sitzen ganz hinten im Bus.
Leider hört man dort nicht gut.
„Hat das Spiel schon angefangen?"
„Gleich, Oma!"

Nach fünf Minuten steht das Spiel 1:0 für Deutschland und die
Leute im Bus fangen an zu singen: „Olé, olé, olé, olé,"
„Haben die Spanier ein Tor geschossen?"
„Nein, die Deutschen! Es steht 1:0 für Deutschland!"
„Aber die singen doch ‚Olé'?"
Elisabeth Neumann dreht sich um: „Hast du nicht aufgepasst,
Trude? Viktor hat uns das doch erklärt. Im Jahr 1982 ..."

In diesem Augenblick schießt die spanische Mannschaft ein Tor.
Jetzt steht es 1:1.
Trude Sommer singt: „Olé, olé, olé, olé!"
Alle Reisenden drehen sich zu ihr um.

11

Nach neunzig Minuten steht das Spiel immer noch 1:1. Verlängerung!

Der Bus ist angekommen.

Anna ruft Paco an, aber sein Handy ist ausgeschaltet. Dann ruft sie in der Kneipe an. Auch dort geht niemand ans Telefon.

Also bestellen sich die drei ein Taxi. Sie müssen ziemlich lange warten. Wahrscheinlich sitzen auch die Taxifahrer vor dem Fernseher und wollen das Ende des Spiels sehen.

Schließlich kommt es und sie fahren los. Das Taxi hält direkt neben der Terrasse. Die Verlängerung[28] ist zu Ende. Immer noch Unentschieden[29]. Es gibt ein Elfmeterschießen[30]: die Entscheidung.

„Hallo, Anna!"

Paco winkt und ruft laut.

„Ruhe, Mann!"

Die Besucher in Leos Kneipe sehen gespannt auf die Leinwand. Gleich beginnt das Elfmeterschießen: Die spanische und die deutsche Mannschaft schießen abwechselnd auf das Tor.

Paco springt auf und läuft zum Taxi. „Mi amor!"

„Wolltest du uns nicht abholen?" Anna ist sauer. Sie hilft ihrer Großmutter und Frau Neumann mit dem Gepäck.

„Warten Sie, junge Frau!", sagt der Taxifahrer. „Das machen wir nachher. Ich möchte auch das Spielende sehen."

---

28 die *Verlängerung*: nach 90 Minuten eines Spiels gibt es bei Unentschieden zweimal 15 Minuten Verlängerung.

29 das *Unentschieden*: hier: Begriff aus dem Sport, z.B. 0:0, 2:2, 3:3, etc.

30 das *Elfmeterschießen*: Begriff aus dem Fußballsport. Wenn ein Spiel nach der Verlängerung keinen Sieger hat, schießen die Mannschaften im Wechsel aus elf Meter Entfernung auf das Tor

Das Elfmeterschießen beginnt: 1:0, 1:1, 2:1, 2:2, ..., 5:5, 6:5 für Deutschland! Aber noch ist das Elfmeterschießen nicht zu Ende. Ein spanischer Spieler legt sich den Ball zurecht.

„Habt ihr Hunger? Es ist noch etwas Paella da. Ja? Ich hole schnell drei Portionen."

Paco hat ein schlechtes Gewissen. Natürlich hat er sein Handy absichtlich ausgeschaltet.

Der spanische Spieler läuft an.

Paco läuft in die Küche, dabei stolpert er über das Fernsehkabel

Die Fußballfans sind entsetzt und sprachlos. Die Leinwand ist schwarz.
In die Stille hinein fragt Elisabeth Neumann: „Wer
hat denn nun gewonnen?"
Und Trude Sommer antwortet: „Wir natürlich! Wir
alle! Olé, olé, olé, olé!!!!"
ENDE

KAPITEL 1

1 Richtig oder falsch? Kreuzen Sie an.

R F

Anna hat aus dem Arbeitszimmer eine Abstellkammer gemacht. ☐ ☐

Sie surft im Internet, weil sie ein günstiges Angebot für eine
Berlinreise sucht. ☐ ☐

Anna möchte mit Freunden nach Berlin fahren. ☐ ☐

Anna, Annas Oma und Omas Freundin Elisabeth fahren
nach Berlin. ☐ ☐

Die Reise kostet 180 Euro pro Person. ☐ ☐

Die kleine Gruppe muss vier Nächte bezahlen und kann
dreimal in Berlin übernachten. ☐ ☐

2a Hören Sie.

2b Ergänzen Sie.

Paco freut sich, weil _____ spielt.

Anna glaubt, dass Paco _____ getrunken hat.

Paco liebt _____.

Anna _____ sich überhaupt nicht für Fußball.

2c Lesen Sie und vergleichen Sie.

„Ja, Anna! Hallo?"
„Hallo, mi amor! Hast du schon gehört? Das gibt ein Spiel!"
„Paco? Paco, sprich bitte lauter, ich versteh' dich nicht!"
„Wir spielen gegeneinander!"
„Wie bitte? Wovon redest du?"
„Wir spielen gegen euch! Spanien gegen Deutschland! Am 18. Juli!
Das gibt ein Spiel! Für wen bist du?"
„Paco, bitte! Ich habe keine Ahnung, wovon du sprichst."
„Fußball, meine Liebe! El fútbol, wie der Spanier sagt."
„Paco, bist du betrunken? Du bist in Hamburg geboren und hast
dein ganzes Leben hier verbracht. Macht dich ein blödes Fußballspiel
jetzt plötzlich zum Vollblutspanier?"
„Ach, Anna, sei doch nicht so ernst! Mein Herz schlägt eben für

den spanischen Fußball! Temperament und Leidenschaft, du weißt doch ...“

„Ja, ja. Aber mir ist das wurscht! Außerdem bin ich am 18. Juli gar nicht da. Da bin ich noch in Berlin.“

KAPITEL 2

3 Was erfahren Sie über Benno und Ralf? Notieren Sie.

4a Was denkt Leo über Fußball?

_____

4b Warum besucht Paco Leo in seinem Atelier?

_____

KAPITEL 3

**5a Paco erklärt Anna die wichtigsten Regeln in einem Fußballspiel.
Das ist seine Skizze. Hören Sie und übertragen Sie Pacos Erklärung in die Skizze. Wo oder was ist das? Ordnen Sie bitte zu:**

| Spielfeld |
| Anstoß |
| Tor |
| Mannschaft A |
| Mannschaft B |
| Tormann |

5b Hören Sie noch einmal, lesen Sie und vergleichen Sie mit Ihrer Skizze.

„Das ist ein Spielfeld. In der Mitte gibt es den Anstoß. Und auf beiden Seiten gibt es ein Tor. So. Mannschaft A spielt auf dieses Tor und Mannschaft B auf dieses."

„Wie viele Spieler sind in einer Mannschaft?"

„In jeder Mannschaft gibt es elf Spieler. 10 Spieler und ein Tormann."

„Und was ist der Unterschied?"

„Der Tormann hütet das Tor und darf den Ball mit der Hand festhalten. Die Spieler dürfen das nicht, sonst gibt es einen Freistoß oder einen Strafstoß."

„Und wann gibt es einen Freistoß und wann einen Strafstoß?"

„Hm, das ist doch komplizierter als ich dachte. Ich erklär dir einfach das Prinzip. Und alle Feinheiten erklär ich dir beim Spiel, einverstanden?"

„O.k. Und was ist das Prinzip?"

„Jede Mannschaft versucht, den Ball in das Tor des Gegners zu schießen. Und wer die meisten Tore geschossen hat, ist Sieger!"

„Und das ist so schwer?"

„Naja, dazu kommen natürlich die Feinheiten: die Spielerpersönlichkeiten, die Taktik, der Trainer und so weiter."

„Aha, und das erklärst du mir dann alles beim Spiel?"

„Si, mi amor!"

KAPITEL 4

6 Was machen die drei Berlin-Touristinnen an ihrem ersten Tag? Notieren Sie.

Erster Tag in Berlin: Aktivitäten

Alle

Anna

Oma Trude

Elisabeth Neumann

7a Was ist richtig? Hören Sie und markieren Sie.

Oma Trude wartet schon seit einer halben Stunde auf *Anna/Elisabeth*.
Oma Trude und Elisabeth wollen sich *um vier / um halb fünf* vor dem
Pergamon-Museum treffen.
Oma Trude möchte am Abend *ins Hotel / eine Bootsfahrt machen*.

7b Hören Sie noch einmal, lesen Sie und vergleichen Sie.

„Ja, hier ist Anna! Was gibt's denn, Oma?"
„Elisabeth ist nicht da! Ich warte jetzt schon seit einer halben Stunde."
„Wo bist du denn?"
„Ich sitze vor dem Pergamonmuseum."
„Und wann wolltet ihr euch treffen?"
„Um vier. Aber jetzt ist es schon halb fünf! Es ist immer dasselbe mit
Elisabeth! Sie ist nie pünktlich!"
„Beruhige dich, Oma. Wir treffen sie spätestens heute Abend im Ho-
tel."
„Ich will heute Abend aber nicht ins Hotel! Ich möchte lieber eine
Bootsfahrt auf der Spree machen. Das ist bestimmt schön, mit all den
Lichtern."
„Das ist eine tolle Idee! Darf ich mit?"
„Anna! Ohne dich finde ich da gar nicht hin! Du musst mit!"
„Na, dann mache ich mich gleich auf den Weg. Bis gleich, Oma."

8 Warum hat Elisabeth Neumann so gute Laune?

_____

KAPITEL 5

**9a Benno ist Fußballfan. Was haben Sie erfahren? Fassen Sie zu-
sammen.**

ist für die eigene
Mannschaft

10a Leo braucht Hilfe. Was soll Paco für ihn tun? Hören Sie und notieren Sie.

10b Ordnen Sie das Gespräch und nummerieren Sie die richtige Reihenfolge.

_1_ „García!"

___ „Paco, hier ist Leo. Hast du heute Nachmittag Zeit?"

___ „Hola, Leo! Klar, was kann ich für dich tun?"

___ „Klar! Sag mal, gibt es heute keinen Fußball? Es ist so still bei euch."

___ „Kein Problem, wirklich. Wann soll ich kommen?"

_6_ „Am besten gleich. Geht das?"

___ „Einkaufen. Ich kann im Moment nicht weg und Anna ist doch in Berlin."

___ „Ach, auch nicht die Dauerglotzer?"

___ „Doch, im Prinzip schon, aber im Moment sind keine Gäste da."

___ „Nein, aber wir müssen darüber reden."

___ „Nein, die sind woanders."

_11_ „Klingt nach Ärger. "

___ „Willst du das Fest absagen?"

___ „Ja, die finden die Idee mit dem spanischen Fest nicht so gut. Jedenfalls nicht am 18."

_15_ „Si, Señor!"

10c Hören Sie noch einmal und vergleichen Sie.

52

11 Wie findet Klaus Meier Fußball? Sammeln Sie Stichpunkte.

Sieht gern gute Spiele.
Schon immer Interesse für Fußball, weil ...

KAPITEL 6

12 Was erfahren Sie über Viktor Kern? Sammeln Sie.

13a Welche Verben passen? Ergänzen Sie.

> vergessen • besucht • passiert • Seht ... fern • empfangen •
> sehen • geöffnet • gefeiert • geglaubt

„Ich habe damals meinen Bruder _____. Er wohnte
in Ostberlin. Um 19 Uhr haben wir's im Fernsehen gehört: Die Gren-
zen werden geöffnet, Reisefreiheit für alle DDR-Bürger, ab sofort.

Wir dachten, wir träumen, und haben es nicht _____.

Aber dann kamen die Nachbarn: „_____ ihr _____?
Habt ihr's auch gehört?"

Wir sind alle miteinander sofort losgefahren, zur Mauer. Es war un-
glaublich! Ganz Berlin war auf den Beinen. Tausende von Menschen,
zu Fuß oder wie wir, im Trabi. Gegen 11 Uhr nachts haben die Grenz-

soldaten dann die Tore _____.

Und was dann im Westen _____ ist, das war noch
viel unglaublicher: Tausende von Westberli-

nern haben uns _____,
mit Blumen und Sekt. Wir sind dann mit
unserem Trabi zum Ku'damm gefahren, wir
wollten einfach mal die Geschäfte

_____, die Lichter, es war
unfassbar.
Nach fast 30 Jahren konnten wir wieder in
den Westen, wir waren frei!
Ja, und nach unserer Stadtrundfahrt in
Westberlin sind wir wieder zurückgefahren und haben die ganze

Nacht am Alexanderplatz _____. Es war ein richtiges

Volksfest! Diese Nacht werde ich niemals _____."

13b Hören Sie und vergleichen Sie.

14 Was wissen Sie über Berlin? Sammeln Sie.

Hauptstadt von Deutschland

15a Leo ist wütend. Was glauben Sie, wie wird das Gespräch zwischen Leo und Benno? Sammeln Sie Ideen und schreiben Sie einen kurzen Dialog.

Benno! Benno! Mach sofort auf!

15b Lesen Sie weiter. Stimmen Ihre Vermutungen?

Ja, bei mir war das ähnlich, ...
Nein, ich habe gedacht, ...

16a Hören Sie und beantworten Sie die Fragen.

Wo sehen sich Benno und Ralf das Spiel an?

_____

Was ist Benno dabei wichtig?

_____

_____

16b Hören Sie noch einmal, lesen Sie und vergleichen Sie.

„Ich weiß wirklich nicht, wer das getan hat. Ich war es nicht und Ralf bestimmt auch nicht. Paco und Felipe sind doch unsere Freunde!"
„Und wer war es dann?"
„Wir haben in der Sportbar von dem spanischen Abend erzählt. Da sind viele Deutschland-Fans, vielleicht war es einer von denen."
„Glaube ich nicht! Die kommen doch nicht am helllichten Tag und schneiden Reifen auf. Außerdem - kennen die Felipes Moped?"
„Ich bringe das in Ordnung. Ralf soll die Reifen reparieren."
„Und was passiert morgen Abend? Muss ich da Angst haben, dass irgendwelche Hooligans meine Fensterscheiben einwerfen?"
„Nein, da passen wir schon auf."
„Ach! In der Sportbar?"
„Nein, hier. Wir sehen uns das Spiel mit euch zusammen an! Hier in der Kneipe. Aber es darf kein Heimspiel für die Spanier werden!"
„Wie meinst du das?"
„Es gibt auch deutsche Fahnen und deutsches Essen."
„Und was zum Beispiel?"
„Currywurst! Ich mach' Currywurst! Hast du den Grill noch?"
„Currywurst und Paella! Ich bin auf dem besten Weg zum Feinschmeckerlokal."

KAPITEL 8

17 Wie benehmen sich die Fußballfans? Notieren Sie.

Typische Fußballfans in der Lektüre / in Deutschland:	Typische Fußballfans bei uns:

18a Richtig oder falsch? Hören Sie und kreuzen Sie an.

	R	F
Anna hat Kopfschmerzen.	☐	☐
Paco hat den ganzen Tag Fußball gespielt und massiert sich die Beine.	☐	☐
Paco soll Anna vom Bus abholen.	☐	☐
Anna findet Fußballfans unmöglich.	☐	☐
Paco findet Fußballfans in Ordnung.	☐	☐
Anna findet Paco blöd.	☐	☐
Felipes Fahrrad ist kaputt.	☐	☐
Anna ist verrückt.	☐	☐

18b Hören Sie noch einmal, lesen Sie und vergleichen Sie.

„Hallo, hier ist Anna."
„Du klingst müde?"
„Ich bin hundemüde. Ich glaube, wir sind heute 100 Kilometer gelaufen."
„Jetzt übertreib mal nicht!"
„Aber 20 bestimmt!"
„Schade, dass ich nicht bei dir bin. Ich könnte dir die Beine massieren."
„Lieber die Füße!"

„Was?"

„Mir tun die Füße weh, nicht die Beine. – Holst du mich morgen ab?"

„Mi, amor! Natürlich! Wann genau kommt der Bus an?"

„Um 18 Uhr."

„Prima! Dann sind wir rechtzeitig zum Spiel bei Leo."

„Hör auf mit Fußball! Heute Abend waren wir im Sony-Center. Da

ist auch so eine rie-
sige Leinwand. Aber
diese Fußballfans sind
unmöglich! Sie beneh-
men sich wie ..."

„So sind Fußballfans
eben. Außerdem ist
Fußball ein Männer-
sport. Und Männer
sind halt manchmal
laut und ..."

„... blöd!"

„Gut, dass du die
Geschichte hier nicht
mitgekriegt hast!"

„Was für eine Ge-
schichte?"

„Die erzähl ich besser
nicht, sonst wird aus
dir nie ein echter Fan."

„Mach ruhig, ein Fußballfan werde ich sowieso nicht. Los, erzähl!"

„Also, wir waren bei Leo, das spanische Fest vorbereiten, und, du
glaubst es nicht, irgendwelche Hooligans machen einfach Felipes
Roller kaputt."

„Seid ihr alle verrückt geworden?"

„Wieso? Wir haben doch gar nichts gemacht! Wir haben nur die
Kneipe dekoriert und dann ..."

„Erzähl mir das morgen, o.k.? Ich bin wirklich zu müde für so einen
Mist. Buenas noches."

„Buenas noches, Anna, aber wir können wirklich nichts dafür ..."

KAPITEL 9

19 Die spanisch-deutsche Fußballparty bei Leo: Wie ist die Kneipe dekoriert und wie sind die Fans verkleidet?

Dekoration	Verkleidung
Spanische + deutsche Fahnen	

KAPITEL 10

20 Schreiben Sie Annas SMS an Paco.

KAPITEL 11

21 Sind Sie Fußball-fan? Machen Sie auch Fußballpar-tys? Wie sind die? Erzählen Sie.

A BERLINER SPEZIALITÄTEN

1 Sehenswürdigkeiten: Lesen Sie und markieren Sie wichtige Informationen.

Das Brandenburger Tor ist das wichtigste Wahrzeichen Berlins. Von 1961 bis 1989 stand es im Sperrbezirk von Berlin West und Berlin Ost, Zugang hatten nur die Grenzsoldaten der DDR. So wie das Brandenburger Tor bis 1989 die Grenze zwischen West und Ost symbolisierte, verkörpert es seit 1990 die Wiedervereinigung Deutschlands und das Ende des Kalten Krieges in Europa.

Das Mauermuseum gehört zu den meistbesuchten Berliner Museen und existiert seit 1963. Dort kann man Fotos und Dokumente erfolgreicher Flucht von Ostberlin nach Westberlin und Fluchtmittel wie umgebaute Fluchtautos, Heißluftballons, etc. sehen.

Die Museumsinsel empfängt jährlich ca. zwei Millionen Besucher. Erste Pläne hierzu machte 1797 König Friedrich Wilhelm II, 1830 entstand das erste Museum. Heute befinden sich fünf große Museen auf der Spreeinsel: das Alte Museum, das Neue Museum, die Alte Nationalgalerie, das Bode-Museum und das Pergamonmuseum.

Die Hackeschen Höfe in Berlin-Mitte wurden 1906/07 als damals größter Gebäudekomplex Europas erbaut. Die acht Höfe sollten vielfältig genutzt werden, und so entstand eine bunte Mischung von Restaurants, Firmen, Geschäften, Wohnungen und Kultur. Mit der Inflation und dem 1. Weltkrieg begann der Niedergang der Höfe, im 2. Weltkrieg wurde der Großteil der Bewohner, hauptsächlich Berliner Juden, in Konzentrationslager deportiert. 1953 wurden die Höfe Volkseigentum der DDR. In den 1990er Jahren wurden die Höfe restauriert. Heute werden sie wieder so genutzt wie zur Zeit ihrer Entstehung.

2 Besucher kommen in Ihre Stadt und haben drei Tage Zeit. Was sollten sie unbedingt sehen und warum?

3 Essen und trinken: Lesen Sie und schreiben Sie Informationen oder Rezepte über Spezialitäten in anderen Ländern.

Currywurst

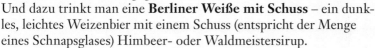

Am 4. September 1949 erfand Herta Heuwer in ihrem Berliner Imbisstand die Original-Berliner-Currywurst. Die in Öl gebratene und mit Majoran bestreute Brühwurst aus hellem „Brät" (Bratfleisch) hat sie mit einer selbst angerührten süßlich-scharfen Soße aus Tomatenmark und 12 indischen Gewürzen (Currys und Cayenne-Pfeffer) serviert. Und die Berliner sind nach wie vor überzeugt: Die Original-Currywurst gibt es nur in Berlin!

Bouletten, Schrippen und Berliner Weiße

200 g halbmageres Schweinefleisch, 200 g halbmageres Rindfleisch durch die Fleischmaschine drehen und mit einer eingeweichten, dann ausgedrückten **Schrippe** (Berliner Brötchen/Semmel), einer fein gehackten Zwiebel und einem Ei verkneten. Mit Pfeffer, Salz und einem Hauch Muskatnuss abschmecken und nochmals gut durcharbeiten. Runde Klöße formen, die Klöße etwas flachdrücken, in Mehl wenden, in heißem Fett schwimmend braun braten und gut abtropfen lassen. Diese beliebten **Bouletten** werden warm oder kalt gegessen.

Und dazu trinkt man eine **Berliner Weiße mit Schuss** – ein dunkles, leichtes Weizenbier mit einem Schuss (entspricht der Menge eines Schnapsglases) Himbeer- oder Waldmeistersirup.

B FUßBALLWELTMEISTERSCHAFTEN

Dreimal gewann die deutsche Fußballnationalmannschaft die Weltmeisterschaft: 1954, 1974 und 1990. Am bedeutendsten war der Sieg 1954 in Bern. Er wurde zum Symbol des Aufbruchs in der deutschen Nachkriegszeit. Aufregend war die Weltmeisterschaft aber wohl für alle, auch aus einem anderen Grund. Zum ersten Mal fand die Übertragung im Fernsehen statt. Knapp 90 Millionen Menschen verfolgten das Turnier vor ca. 4 Millionen Fernsehern. Während der Weltmeisterschaft verkauften die Hersteller Saba, Mende und Telefunken ihre gesamten Bestände, die Firma Philips verkaufte 1.000 Geräte innerhalb von zwei Wochen.

4 Erinnern Sie sich persönlich an die Weltmeisterschaft in Bern? Sie sind zu jung? Fragen Sie Ihre Eltern/Großeltern oder Verwandte/Bekannte nach dem Ereignis.

Die Weltmeisterschaft von 1954 war auch in anderer Hinsicht neu. Sie gilt als erste „richtige" Weltmeisterschaft, weil die Organisation und die Austragungsform (Gruppenspiele und anschließende K.-O.-Runde) bis heute Gültigkeit haben. Auch die Qualität der Spiele war neu: attraktiv, risikoorientiert und offensiv. Nicht mehr die Einzelspieler standen im Vordergrund, sondern zunehmend die Mannschaft und damit auch Teamgeist und Mannschaftstaktik. Mit 140 Toren ist die Fußballweltmeisterschaft von 1954 bis heute Rekordmeister.

5 Lesen Sie die Texte noch einmal. Was war neu bei den Weltmeisterschaften 1954? Fassen Sie zusammen.

C ZUR BEDEUTUNG VON „KÖNIG FUSSBALL" IN DER WELT

Fußball ist eine der beliebtesten und verbreitetsten Sportarten in der Welt. Er wird überall nach den gleichen Regeln gespielt. Die FIFA (*Fédération Internationale de Football Association*, deutsch: *Internationale Föderation des Verbandsfußballs*) wurde 1904 in der Schweiz gegründet und hat ihren Sitz in Zürich. Sie umfasst 208 nationale Verbände. 265 Millionen Menschen in über 200 Ländern spielen Fußball. 325.000 Fußballvereine sind registriert, in denen 38 Millionen Menschen Fußball spielen, davon 6 Millionen Menschen in Deutschland in über 27.000 Vereinen. Dazu kommen ca. 4 Millionen Hobbyfußballer (in Deutschland). Schon im 3. Jahrhundert v. Chr. kannte man in China ein fußballähnliches Spiel, das man bereits mit einem Lederball spielte. In England wurde seit dem Mittelalter Fußball gespielt. Die Anfänge des modernen Fußballspiels wurden im 19. Jahrhundert ebenfalls in England gemacht. Damals bestand eine Mannschaft noch aus 15 bis 20 Spielern. 1857 wurde in England der erste Fußballclub der Welt gegründet. Seit 1872 gibt es eine einheitliche Ballgröße. 1872 fand auch das erste offizielle Länderspiel zwischen einer englischen und einer schottischen Mannschaft statt. 1888 wurde die erste Profiliga gegründet, ebenfalls in England. Dies sind nur ein paar Gründe, warum England das „„Mutterland des Fußballs" genannt wird. Der Gymnasiallehrer Konrad Koch führte den Fußball 1874 in Deutschland ein. 1900 wurde der *Deutsche Fußball-Bund* (DFB) in Leipzig gegründet.

6 Richtig oder falsch? Lesen Sie die Texte noch einmal und kreuzen Sie an.

	R	F
1. 265 Millionen Menschen spielen weltweit Fußball.	☐	☐
2. Es gibt ungefähr 38 Millionen Fußballvereine.	☐	☐
3. Im 3. Jahrhundert v. Chr. wurde der erste Fußballclub gegründet.	☐	☐
4. 1857 wurde der erste Fußballclub gegründet.	☐	☐
5. 1872 wurde die erste Profiliga gegründet.	☐	☐
6. Seit 1874 gibt es den Fußballsport in Deutschland.	☐	☐

7 Wann und wie kam der Fußballsport in Ihr Land? Recherchieren Sie im Internet und notieren Sie die wichtigsten Informationen.

8 Welche Bedeutung hat Fußball in Ihrem Land? Schreiben Sie Stichpunkte.

D Auch Frauen spielen Fußball ...

Zunehmend gewinnt auch der Frauenfußball an Bedeutung. Seit 1863 spielen in England Mädchen Fußball, einen ersten Höhepunkt gab es hier während des ersten Weltkriegs. In Deutschland hatte Frauenfußball allerdings lange keine Bedeutung. Die erste „richtige" Frauenfußballmannschaft wurde 1968 in Dresden gegründet. Inzwischen ist die deutsche  Frauennationalmannschaft jedoch sehr erfolgreich: Sie gewann zwei Europa- und zwei Weltmeisterschaften.

9 Was wissen Sie über Frauenfußball in Ihrem Land?

Übersicht über die in dieser Reihe erscheinenden Bände:

Stufe 1 ab 50 Lernstunden

Gebrochene Herzen	64 Seiten	Bestell-Nr. **49745**
Die Neue	64 Seiten	Bestell-Nr. **49746**
Schwere Kost	64 Seiten	Bestell-Nr. **49747**
Der 80. Geburtstag	64 Seiten	Bestell-Nr. **49748**
Miss Hamburg	64 Seiten	Bestell-Nr. **46501**
Das schnelle Glück	64 Seiten	Bestell-Nr. **46502**
Die Prinzessin	64 Seiten	Bestell-Nr. **46506**
Ein Hundeleben	64 Seiten	Bestell-Nr. **46507**

Stufe 2 ab 100 Lernstunden

Schöne Ferien	64 Seiten	Bestell-Nr. **49749**
Der Jaguar	64 Seiten	Bestell-Nr. **49750**
Große Gefühle	64 Seiten	Bestell-Nr. **49752**
Unter Verdacht	64 Seiten	Bestell-Nr. **49753**
Liebe im Mai	64 Seiten	Bestell-Nr. **46503**
Der Einbruch	64 Seiten	Bestell-Nr. **46504**
Oktoberfest – und zurück	64 Seiten	Bestell-Nr. **46508**
In Gefahr	64 Seiten	Bestell-Nr. **46509**

Stufe 3 ab 150 Lernstunden

Stille Nacht	64 Seiten	Bestell-Nr. **49754**
Leichte Beute	64 Seiten	Bestell-Nr. **49755**
Hinter den Kulissen	64 Seiten	Bestell-Nr. **46505**
Speed Dating	64 Seiten	Bestell-Nr. **46510**